CE LIVRE M'APPARTIENT.

VOCABULAIRE :

Cette page recense les termes que vous pourriez rencontrer au cours de votre exploration de ce livre. N'hésitez pas à vous y référer en cas de besoin

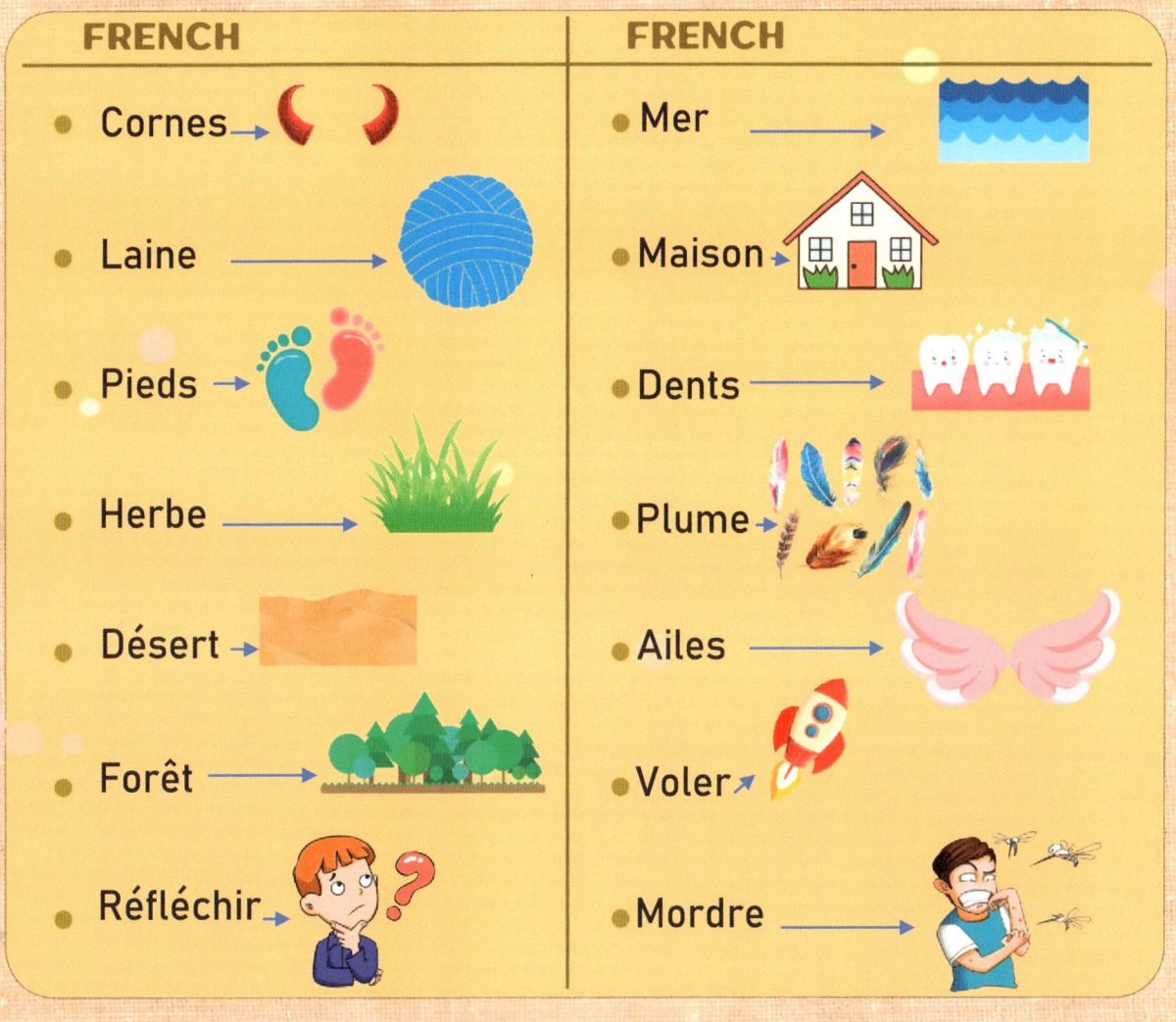

ANIMAUX DOMESTIQUES

CAMÉLÉON

HÉRISSON

CHIEN

RAT

POISSON

PERROQUET

SERPENT

TORTUE

CANARI

HAMSTER

CHAT

LAPIN

4

- ☐ DINDON
- ☐ SERPENT
- ☐ CHÈVRE

- ☐ RAT
- ☐ POULE
- ☐ CANARD

- ☐ TORTUE
- ☐ CAMÉLÉON
- ☐ POUSSIN

ANIMAUX DE LA FERME

ÂNE

CANARD

BREBIS

PORC

COQ

CHÈVRE

POULE

DINDON

CHEVAL

MULE

POUSSIN

VACHE

Je me réveille plus tôt.

Je porte des charges tous les jours

J'aime manger des souris

NATURE

SOLEIL

PLAGE

FLEURS

ÉTOILES

LUNE

MONTAGNE

RIVIÈRE

PLUIE

CIEL

ARBRE

- ☐ RIVIÈRE
- ☐ CHIEN
- ☐ ÂNE

- ☐ SOLEIL
- ☐ TORTUE
- ☐ VACHE

- ☐ LAPIN
- ☐ CANARI
- ☐ PORC

PENDANT L'ÉTÉ

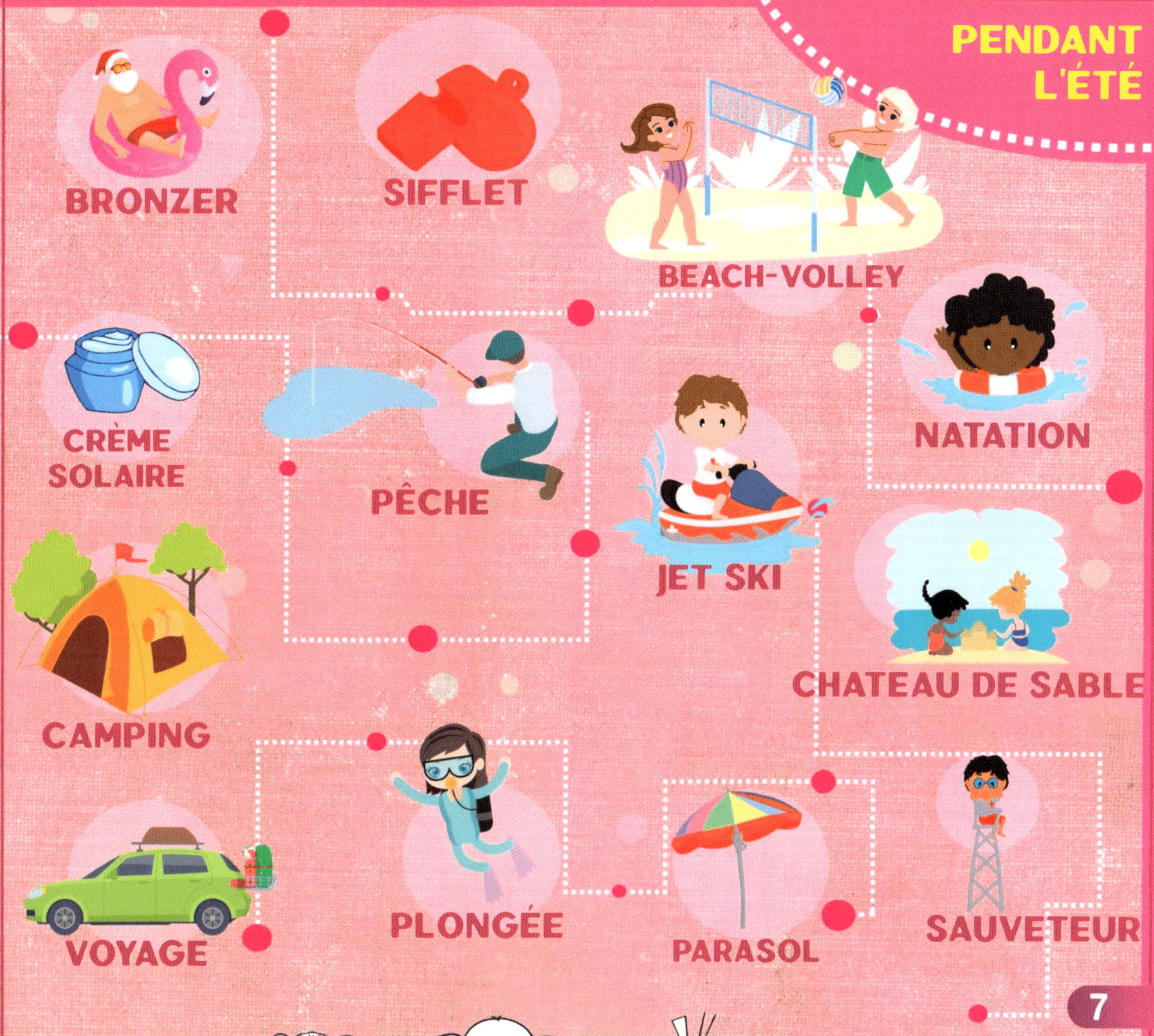

 **BRONZER**

 **SIFFLET**

 **BEACH-VOLLEY**

 **CRÈME SOLAIRE**

  **PÊCHE**

JET SKI

 **NATATION**

 **CAMPING**

 **CHATEAU DE SABLE**

 **VOYAGE**

 **PLONGÉE**

PARASOL

SAUVETEUR

Je suis le tigre, j'ai des rayures sur mon corps.

I-G-T-E-R

J'ai de grandes oreilles et je suis fort.

Cochez l'intrus.

- Brebis ☐
- Cornes ☐
- Football ☐
- 2 Pieds ☐
- Laine ☐
- Herbe ☐

7

MATHEMATIQUES

0 ZÉRO

1 UN

2 DEUX

3 TROIS

4 QUATRE

5 CINQ

6 SIX

7 SEPT

8 HUIT

9 NEUF

10 DIX

- ☐ Trois étoiles
- ☐ Dix coeurs
- ☐ Trois coeurs

 mon nom est ...., j'aime les carottes

I-L-P-A-N

 Je suis l'ours que j'adore le miel.

ANIMAUX MARINS

CRABE

REQUIN

TORTUE

ANGUILLE

ÉTOILE DE MER

PHOQUE

BALEINE

CREVETTE

PIEUVRE

DAUPHIN

ORQUE

MANCHOT

Cochez l'intrus.

- Désert ☐
- Forêt ☐
- Mer ☐
- Maison ☐

- ☐ Banane
- ☐ Ciel
- ☐ Montagne
- ☐ Arbre

- ☐ Uu
- ☐ Sept
- ☐ Deux

- Renard ☐
- Ecureuil ☐
- Gazelle ☐

MOYENS DE TRANSPORT

VÉLO

BUS

VOITURE

TRAIN

TAXI

SOUS-MARINE

AVION

MÉTRO

MOTO

BATEAU

12

☐ BALEINE
☐ PIEUVRE
☐ MÉTRO

☐ HYÈNE
☐ POISSON
☐ CHÈVRE

☐ LUNE
☐ SINGE
☐ CROCODILE

CAMPING

 **LANTERNE**

 **BOTTES DE RANDONNÉE**

 **CORDE**

 **JUMELLES**

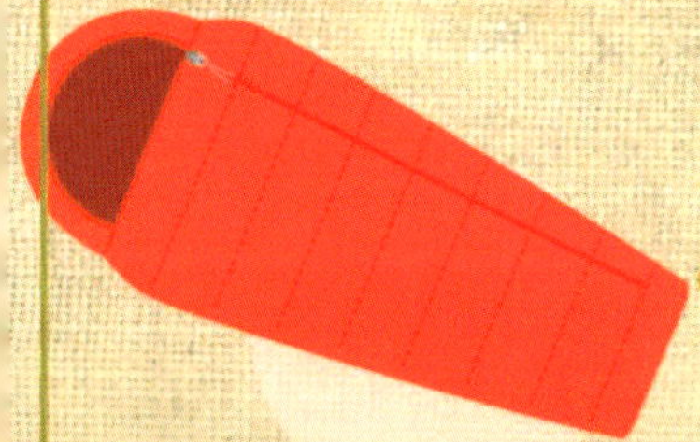

 **SAC DE COUCHAGE**

 **ALLUMETTES**

 **TORCHE**

 **FEU DE CAMP**

 **BOUSSOLE**

 **BOUTEILLE THERMOS**

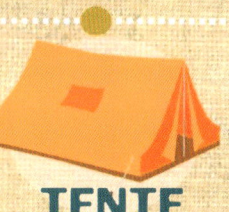 **TENTE**

 **HACHE**

Je suis sournois, les poulets sont mes meilleurs amis.

- totrue ☐
- tertuo ☐
- tortue ☐

Ils m'appellent le roi de la jungle

VOYAGE

CAMÉRA

HÔTEL

AÉROPORT

BILLET

PASSEPORT

TOURISTES

CARTE

AVENTURE

EXPLORER

VALISE

- VOITURE
- CERCLE
- SOUS-MARINE

- DEUX
- SAUVETEUR
- CORDE

- BILLET
- PHOQUE
- ARBRE

LOISIRS

LECTURE

DESSIN

JOUER DE LA GUITARE

SPORTS

PÊCHE

INNOVATION

ARCHÉOLOGIE

POTERIE

LA DANCE

TRICOT

JOUER AUX JEUX

PRENDRE DES PHOTOS

LE CHANT

 Je suis la girafe, j'ai un long cou

 Je suis fidèle, je m'occupe de mon propriétaire.

Je me cache dans l'eau, et je déteste les tigres

F-G-I-E-R-A

ROUTINE QUOTIDIENNE

SE RÉVEILLER

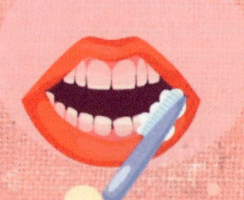
BROSSER LES DENTS

ALLER AU LIT

ALLER AU TRAVAIL

PRENDRE UNE PAUSE

S'ENTRAINER

PRENDRE LE DÉJEUNER

PRENDRE LE PETIT DÉJEUNER

TERMINER LE TRAVAIL

PRENDRE LE DÎNER

- ☐ SPORTS
- ☐ CAMÉRA
- ☐ DESSIN

- ☐ PLAGE
- ☐ SERPENT
- ☐ TORCHE

- ☐ VÉLO
- ☐ CROCODILE
- ☐ PLONGÉE

 SPORT

 VOLLEY-BALL

 BASKET-BALL

 YOGA

 NATATION

 FOOTBALL

 RUGBY

 BASE-BALL

 GOLF

 COURSE

 TENNIS

Papa, achetez-moi un jouet.
avec plaisir, mon enfant

Boo... je suis le loup
J'ai peur.

Je .... parce que mon ami Amin a brisé mon robot.

DANS LA CHAMBRE À COUCHER

OREILLER

MATELAS

MIROIR

LIT

PORTRAIT

COUVERTURE

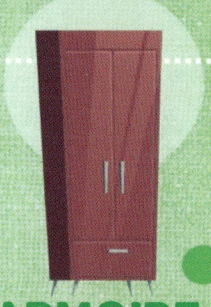
ARMOIRE

LAMPE DE CHEVET

HORLOGE

ÉTAGÈRE À LIVRES

- ☐ CHEVAL
- ☐ FOOTBALL
- ☐ MULE

- ☐ HÔTEL
- ☐ LE CHANT
- ☐ HEXAGONE

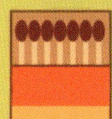
- ☐ AVION
- ☐ SIX
- ☐ ALLUMETTES

VÊTEMENTS

 **VESTE**

 **CHAPEAU**

 **CHEMISE**

 **GILET**

 **PANTALON**

 **GANTS**

 **CHAUSSETTES**

 **JUPE**

 **ROBE**

 **CHAUSSURES**

 J'aime manger des vers, des grains et du son.

 Je pais dans les champs, fournissant du lait joyeusement

 J'apprécie les bains de boue

FAMILLE

- SŒUR
- FILLE
- TANTE
- GRAND PÈRE
- LES PARENTS
- GRAND-MÈRE
- FRÈRE
- FILS
- PÈRE
- MÈRE
- ONCLE

- ☐ NATATION
- ☐ HYÈNE
- ☐ TENNIS

- ☐ HORLOGE
- ☐ ROBE
- ☐ TAXI

- ☐ MIROIR
- ☐ BOUSSOLE
- ☐ CHAUSSETTES

SENTIMENTS ET ÉMOTIONS

EN COLÈRE

NERVEUSE

TIMIDE

HEUREUSE

CHOQUÉ

TRISTE

AIMÉE

EXCITÉE

SOMNOLENTE

FATIGUE

21

- TROIS
- DIX
- QUATRE

Je nage rapidement, gouvernant les profondeurs de l'océan

Je suis une étoile sous-marin brillante.
L-E-E-I-O-T

DANS LE SALON

LAMPE DE TABLE

COUSSINS

TABLEAU

FAUTEUIL

BAFFLE

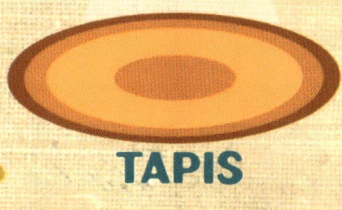
TAPIS

PLANTE

ÉTAGÈRE À LIVRES

DÉCORATION MURALE

TÉLÉPHONE FIXE

HORLOGE MURALE

CANAPÉ

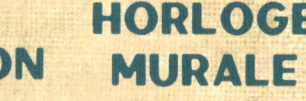

 J'adore nager dans la mer

 Je suis l'…………, je plane haut, roi du ciel.

 Je chasse silencieusement, sage dans la nuit.

NOURRITURE ET REPAS

PAIN

DÉJEUNER

POULETTE

SOUPE

FRUIT

SALADE

RIZ

DÎNER

PIZZA

PETIT-DÉJEUNER

- ☐ BAFFLE
- ☐ FATIGUÉ
- ☐ HACHE

- ☐ CHAT
- ☐ CANAPÉ
- ☐ CIEL

- ☐ TOURISTES
- ☐ TRICOT
- ☐ AVION

DANS L'HÔPITAL

TROUSSE DE PREMIERS SECOURS

THERMOMÈTRE

MÉDECIN

INFIRMIÈRE

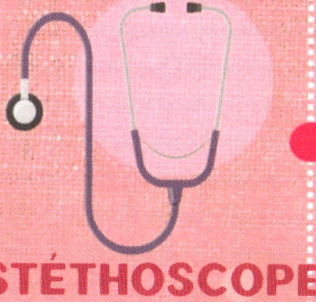
STÉTHOSCOPE

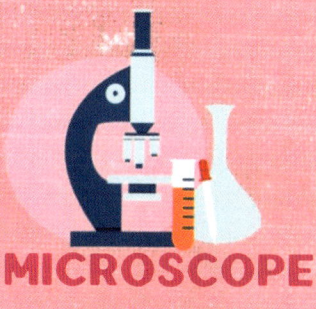
MICROSCOPE

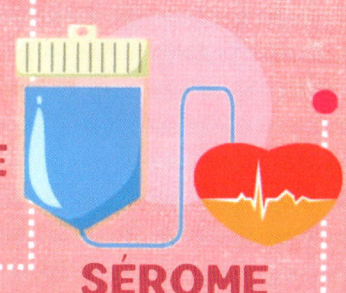
SÉROME

PANSEMENT

AMBULANCE

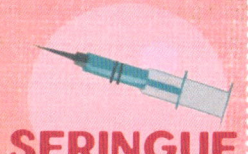
SERINGUE

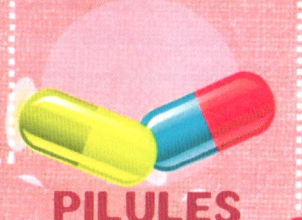
PILULES

weee, aujourd'hui, nous allons nous promener.

Wow, comme ces fleurs sont belles

Je ne suis pas d'humeur; Je suis un peu ....

V-R-N-E-U-E-S-E

FRUITS

- PASTÈQUE
- BANANE
- MANGUE
- FRAISE
- ORANGE
- TOMATE
- POMME
- MYRTILLE
- RAISINS
- ANANAS

26

- ☐ VALISE
- ☐ GANTS
- ☐ PAIN

- ☐ GILET
- ☐ RUGBY
- ☐ SOUPE

- ☐ CHEMISE
- ☐ RAISINS
- ☐ RIZ

LÉGUMES

 CAROTTE

 CITROUILLE

 POMME DE TERRE

 BROCOLI

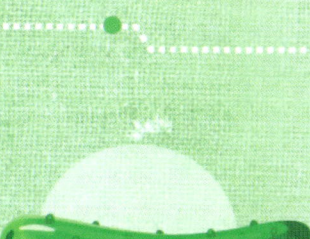 CONCOMBRE

 POIS

 MAÏS

 AUBERGINE

 POIVRON

 OIGNON

- ☐ deux mangues
- ☐ deux pommes
- ☐ Deux paillettes

Cochez l'intrus.
- Voler ●
- Ciel ●
- Mordre ●
- Dents ●
- Plume ●
- Ailes ●

 Je ne suis pas .... ; Maman ne m'a pas apporté de bonbons.

H-R-E-U-S-E-U-E

SAISONS

PRINTEMPS

ÉTÉ

AUTOMNE

HIVER

- ☐ TAPIS
- ☐ ÉTÉ
- ☐ DÎNER
- ☐ PANSEMENT
- ☐ CITROUILLE
- ☐ CAROTTE
- ☐ MÉDECIN
- ☐ ANANAS
- ☐ PIZZA

MÉTÉO

ENSOLEILLÉ

NUAGEUX

PLUVIEUX

NEIGEUX

VENTEUX

BRUMEUX

ORAGE

FROID

CHAUD

OURAGAN

- ZÉRO
- DIX
- SIX

Je claque, nage et joue dans la mer.

J'ai .... bras, dansant dans l'eau.

T-H-I-U

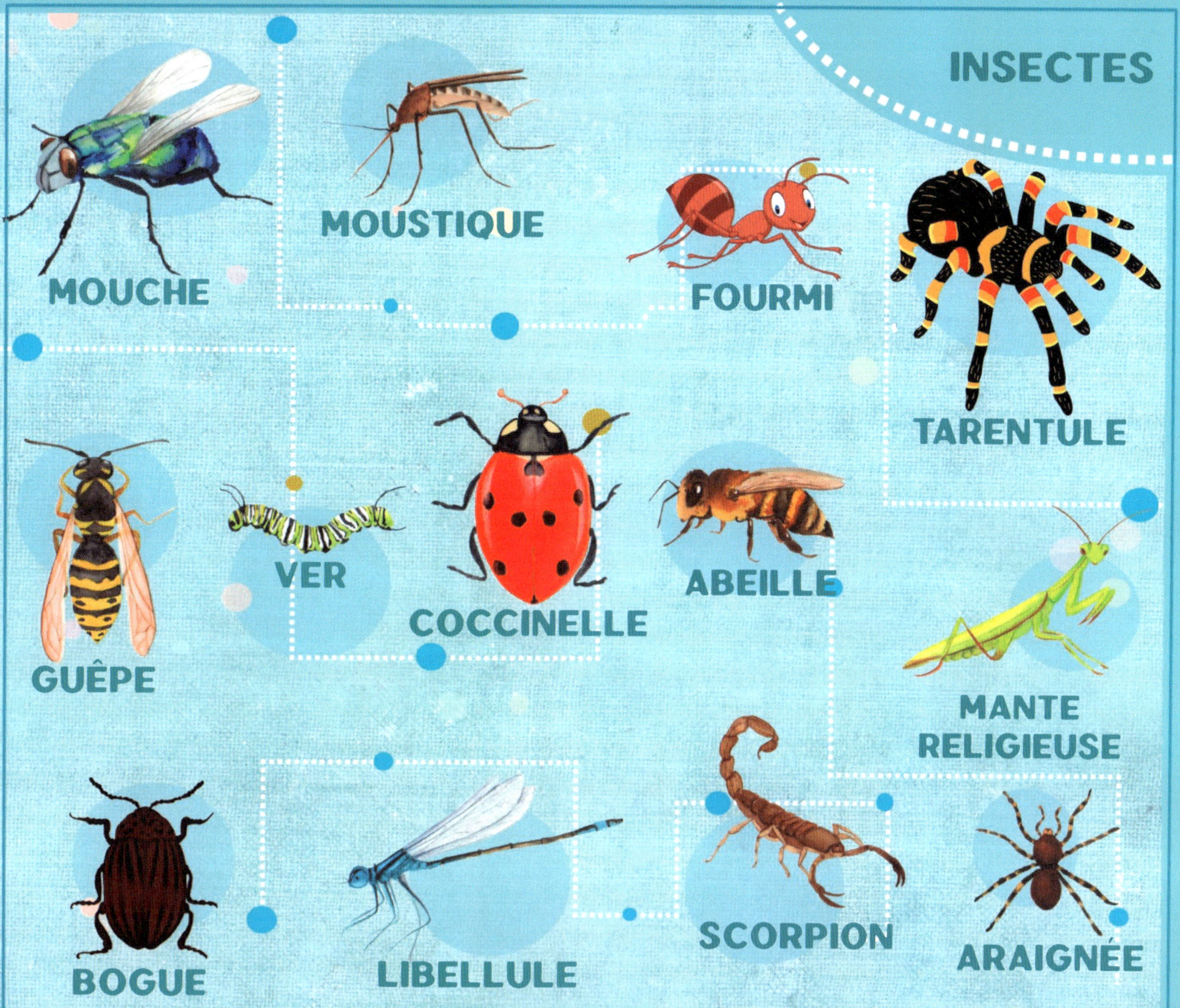

INSECTES

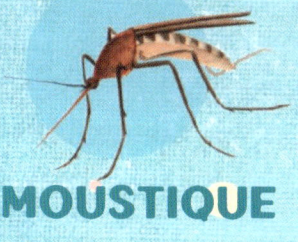
MOUCHE

MOUSTIQUE

FOURMI

TARENTULE

GUÊPE

VER

COCCINELLE

ABEILLE

MANTE RELIGIEUSE

BOGUE

LIBELLULE

SCORPION

ARAIGNÉE

Je suis .... ; Je ne suis pas allé à l'école parce que j'étais malade.
S-R-I-T-E-T

Je ne fais que de bonnes choses et je suis ....
M-A-E-E-I

Je suis .... parce que j'ai joué au football.
G-F-T-I-A-E-U

MÉTIERS

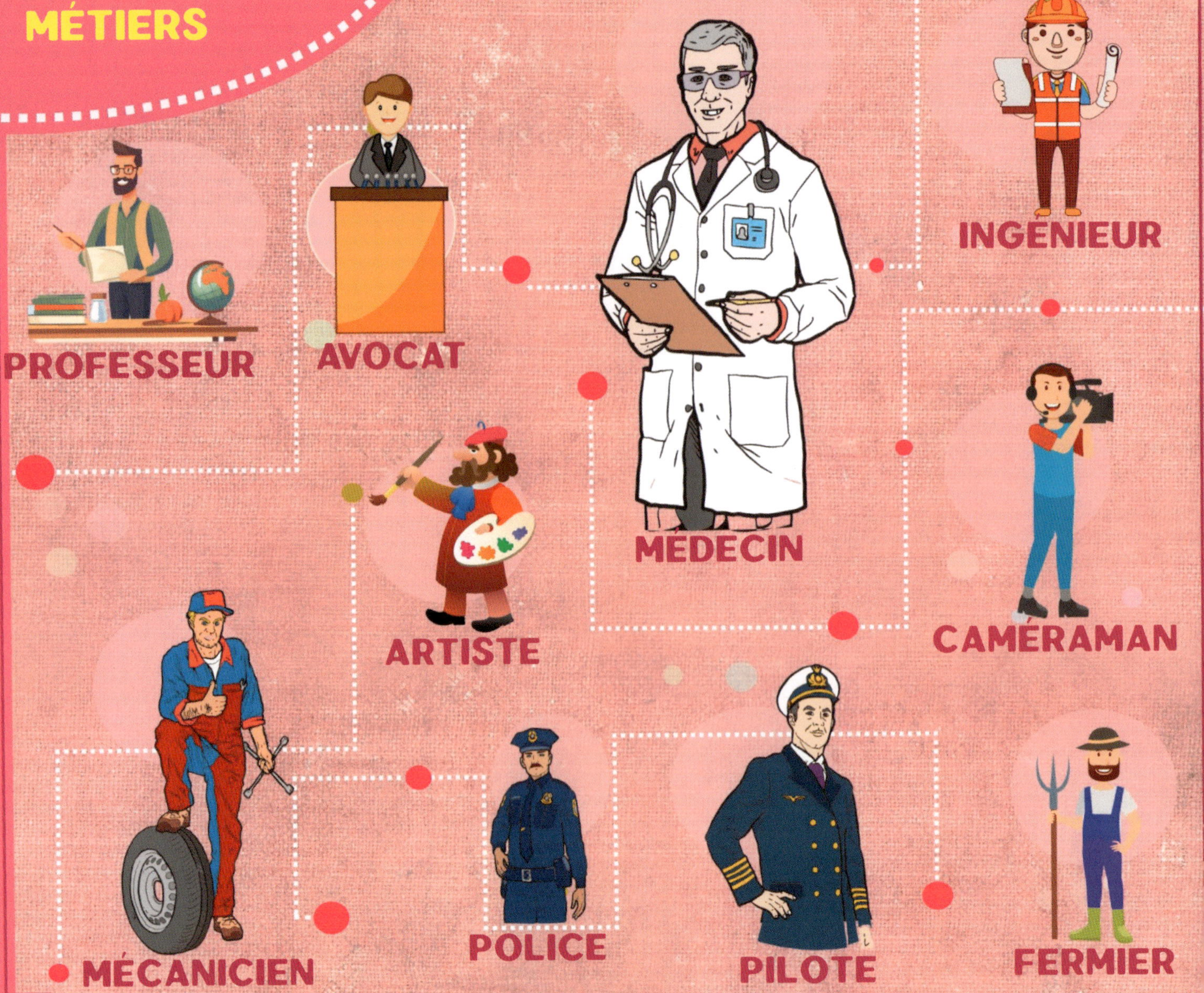

PROFESSEUR

AVOCAT

MÉDECIN

INGÉNIEUR

ARTISTE

CAMÉRAMAN

MÉCANICIEN

POLICE

PILOTE

FERMIER

	☐ BASKET-BALL ☐ PAON ☐ S'ENTRAINER		☐ PRINTEMPS ☐ POMME ☐ YOGA		☐ CRABE ☐ ŒUF ☐ BATEAU

FOURNITURES SCOLAIRES

 PINCEAU À PEINDRE

 LIVRES

 ARDOISE

 CARTABLE

 TROMBONES

 TROUSSE

 TAILLE CRAYON

 RÈGLE

 CRAYON

 GOMME

 AGENDA

 BUS SCOLAIRE

 SURLIGNEUR

 TRIANGLE

 COLLE

STYLO

35

- ■ Un
- ■ Deux
- ■ Quatre

 Je suis .. .. aujourd'hui

N-E-R-L-O-C-E-E

 Je .... encore à la couleur du stylo que je veux.

R-F-E-C-I-L-S-E-H

COULEURS

- ROUGE
- BLANCHE
- BLEU
- JAUNE
- GRIS
- VERT
- VIOLET
- ORANGE
- NOIR
- BRUN
- ROSE

36

- ☐ SALADE
- ☐ PROFESSEUR
- ☐ CIGOGNE

- ☐ MOINEAU
- ☐ FOURMI
- ☐ TAPIS DE BAIN

- ☐ PANTALON
- ☐ ARDOISE
- ☐ TIMIDE

USTENSILES DE CUISINE

- CAFETIÈRE
- COUTEAU 
- BOUILLOIRE 
- MARMITE
- CUILLÈRE 
- THÉIÈRE 
- PLAT 
- CASSEROLE 
- TASSE 
- LOUCHE
- POÊLE 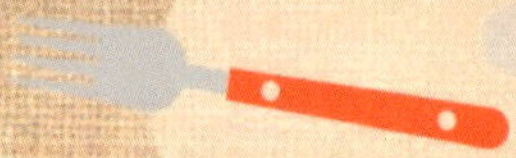
- FOURCHETTE 
- PLANCHE À DÉCOUPER 
- BOL

- ☐ ARAIGNÉE
- ☐ POULE
- ☐ PILOTE

- ☐ BLEU
- ☐ MONTAGNE
- ☐ ECUREUIL

- ☐ JETTE
- ☐ JAUNE
- ☐ INFIRMIÈRE

VERBES D'ACTION

DEBOUT

RIRE

PLEURE

MARCHE

JETTE

ÉCOUTE

ATTRAPE

PENSE

COURT

ÉTUDIE

POUSSE

LIRE

Cochez les animaux sauvages :
☐ Banane ☐ Myrtille ☐ Lion
☐ Singe ☐ Renard ☐ Coq
☐ Ecureuil ☐ Montagne ☐ Éléphant
☐ Tomate ☐ Arbre ☐ Mule

Cochez les oiseaux :
☐ Cheval ☐ Mouette ☐ Hyène
☐ Moineau ☐ Poêle ☐ Paon
☐ Tarentule ☐ Chat ☐ Bol
☐ Pigeon ☐ Rivière ☐ Aigle

Cochez le transport :
☐ Fourmi ☐ Étoile ☐ Corde
☐ Voiture ☐ Avion ☐ Requin
☐ Train ☐ Horloge ☐ Six
☐ Lanterne ☐ Taxi ☐ Vélo

"J'apprecie grandement votre soutien."

Sincerement

FODEM